Lecture déconseillée aux moins de 3 ans.
(On vous aura prévenus.)

PARENTAL
ADVISORY
EXPLICIT COMICS

AVERTISSEMENTS

Assurez-vous que vous êtes assis au calme, bien calé dans vos toilettes.

Assurez-vous contre les risques d'une nouvelle pandémie alphabétique de grippe.

Assurez-vous qu'on ne vous a rien volé.

Assurez-vous que vous avez plus de 18 ans. Si vous avez moins, ce n'est pas grave. De toute façon vous avez sûrement déjà entendu des atrocités à la télé, à l'école ou dans une réunion politique ; ce ne sont pas un ou deux gros mots de plus qui vont vous traumatiser.

rAssurez-vous. A l'heure où l'on cherche à vous faire flipper ; à l'heure où l'on veut vous faire croire que vous êtes en danger ; à cette heure-là précise, soyez rassurés : Vous n'êtes pas seuls. Nous sommes là.

24 Years CHRONO

RÉSUMÉ DES ÉPISODES PRÉCÉDENTS

CES SCÈNES SE SONT DÉROULÉES ENTRE 0 AN ET 24 ANS

ZE FOLLOWING A EU LIEU AVANT, Y'A TRÈS TRÈS LONGTEMPS.

J'AI VOULU RENTRER DANS LE MOULE ET FORCE EST DE CONSTATER QUE JE SUIS MOULÉE DIFFÉREMMENT.
C'EST QUOI CE BRUIT?
CRAC!

ATTENTION OBJET VIVANT! NON IDENTIFIE...
TU ES BELLE COMME UN COEUR! MERCI SEIGNEUR!

A tous les autres.

Galou et Blan

Coming Out

(Une histoire de sortie de placard...)

Un jour j'ai réalisé que mon prince ne viendrait pas...
et que j'en avais rien à faire.

JE ME SUIS APERÇUE QUE J'ÉTAIS UNE "LESBIENNE REFOULÉE".

JE NE ME CONSTRUISAIS PAS. J'ERRAIS DANS LA VIE DE MON DOUBLE SOCIALEMENT-CORRECT.

IL ÉTAIT TEMPS DE TUER L'HÉTÉRO QUI ÉTAIT EN MOI, POUR FAIRE VIVRE L'HOMO !

En fait, j'ai tué personne
j'ai juste arrêté d'avoir peur

SUITE À CETTE RÉSURRECTION, J'AI DÉCIDÉ DE M'ASSUMER À LA FACE DU MONDE.

MAIS LE MONDE C'EST GRAND.
ALORS FAIRE SON COMING OUT C'EST LONG.

PEU IMPORTE. JE ME SENTAIS MIEUX.
JE ME SENTAIS MOI ET ÇA SENTAIT BON.
COMMENT J'ME SENS TROP BIEN EN TANT QUE LESBIENNE...
NOOOOOOO
WOMAN
NO
CRYYYYY
OU ALORS C'EST LE SHIT.

⚠ L'abus de stupéfiants produit des effets stupéfiants.

Mon psy m'a aidée autant qu'il a pu.
Donc peu. Très peu.

PLAY GAME

On ne s'est jamais compris. De toute façon,
psy c'est pas un métier, c'est une source de revenus.

ET LA SEULE PERSONNE QUI SE PORTE MIEUX
APRÈS UN RV CHEZ LE PSY, C'EST LE PSY !

QUOI QU'IL EN DISE, JE SENTAIS BIEN
QUE CE N'ÉTAIT PAS UNE BONNE IDÉE
DE DIRE TOUTE LA VÉRITÉ À MES PARENTS.

DEVIANTE !
NOUS AVONS LES MOYENS DE VOUS GUÉRIR !

J'ai préféré en parler à mon super pote, Galou :

C'EST UN GARÇON TRÈS VIF...
ÇA VEUT DIRE QUE T'AIMES LES FILLES?

MAIS IL A TOUJOURS PRIS LES CHOSES TROP À COEUR.

NE LAISSEZ PAS LES ENFANTS JOUER À L'INTÉRIEUR DES MACHINES.
T'ES LOURD MAINTENANT...
AUTANT EN FINIR SI T'AIMES PLUS LES HOMMES !

C'EST LÀ QUE J'AI SENTI TOUT L'ENJEU PÉDAGOGIQUE D'UN COMING OUT!

?
Miss Quoi?
MAIS QUEL NAZE.

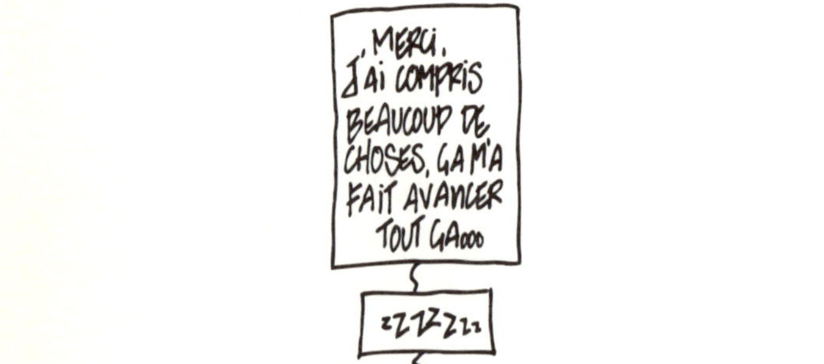
, MERCI. J'AI COMPRIS BEAUCOUP DE CHOSES, ÇA M'A FAIT AVANCER TOUT ÇAooo
zzZZZzzz

(ENCORE AUJOURD'HUI, JE NE SUIS PAS SÛRE QU'IL AIT TOUT COMPRIS)
SI ÇA SE TROUVE, MOI AUSSI JE SUIS LESBIENNE!
C'EST PIRE QUE PRÉVU.

GALOU N'ÉTAIT PAS LESBIENNE; J'AI TOUJOURS PENSÉ QU'IL ÉTAIT GAY. MAIS QUAND ON NE S'ASSUME PAS, NOTRE HOMOSEXUALITÉ EST PARFOIS UN SECRET POUR NOUS...

MAIS SOUVENT CE N'EST UN SECRET
POUR PERSONNE À PART NOUS !

C'EST COMME POUR TOUT,
CERTAINS S'INTÉRESSENT AUX AUTRES.

D'AUTRES NON.

MOI QUI PENSAIS TE CONNAÎTRE! QUAND JE PENSE QU'ON A FAILLI DORMIR DANS LE MÊME LIT...
T'AVAIS RIEN À CRAINDRE, JE LES AIME INTELLIGENTES ET SEXY!

PEU IMPORTE, J'ÉTAIS EMBALLÉE PAR MES DÉBUTS DANS LE COMING OUTAGE. JE SENTAIS QUE MA VIE PRENAIT UN NOUVEAU DÉPART COMME SI J'AVAIS UNE DEUXIÈME CHANCE.

C'ÉTAIT EXCITANT! J'AVAIS CE SENTIMENT QUE J'ALLAIS VIVRE EN MIEUX.

MAIS POUR VIVRE SANS MENSONGE, JE DEVAIS EN PARLER À MA FAMILLE. J'AI TÂTÉ LE TERRAIN...

J'ai décidé de le dire à ma petite soeur.
Plus homo-friendly, question de génération !

ÉCRIT COMME ÇA, ÇA PARAÎT CON, MAIS C'ÉTAIT DÉJÀ QUELQUE CHOSE D'ANNONCER MON HOMOSEXUALITÉ À UN MEMBRE DE MA FAMILLE.

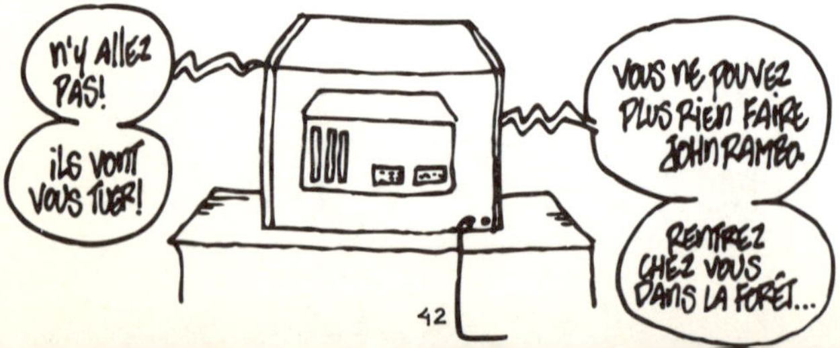

ATTENTION : LA FAÇON DONT CERTAINS HÉTÉROSEXUELS PERÇOIVENT L'AMOUR ENTRE DEUX PERSONNES DE MÊME SEXE PEUT ÊTRE CHOQUANTE.

MA SOEUR N'AVAIT PAS TORT:
LES PARENTS N'ÉTAIENT PAS PRÊTS.
HEEEU. J'PEUX PRENDRE LA VOIT...
toi, RETOURNE TE PROSTITUER! TU VOIS BIEN QU'ON A UN PROBLÈME PLUS IMPORTANT AVEC TA SOEUR "LESBIENNE"!
JE CROIS QUE JE VIENS DE M'ASSEOIR SUR MES PETITS-ENFANTS.

IL ÉTAIT ENCORE UN PEU TÔT POUR LEUR PARLER.

POURTANT J'AVAIS DÉJÀ ATTENDU DES ANNÉES
POUR NE PAS LES BRUSQUER...

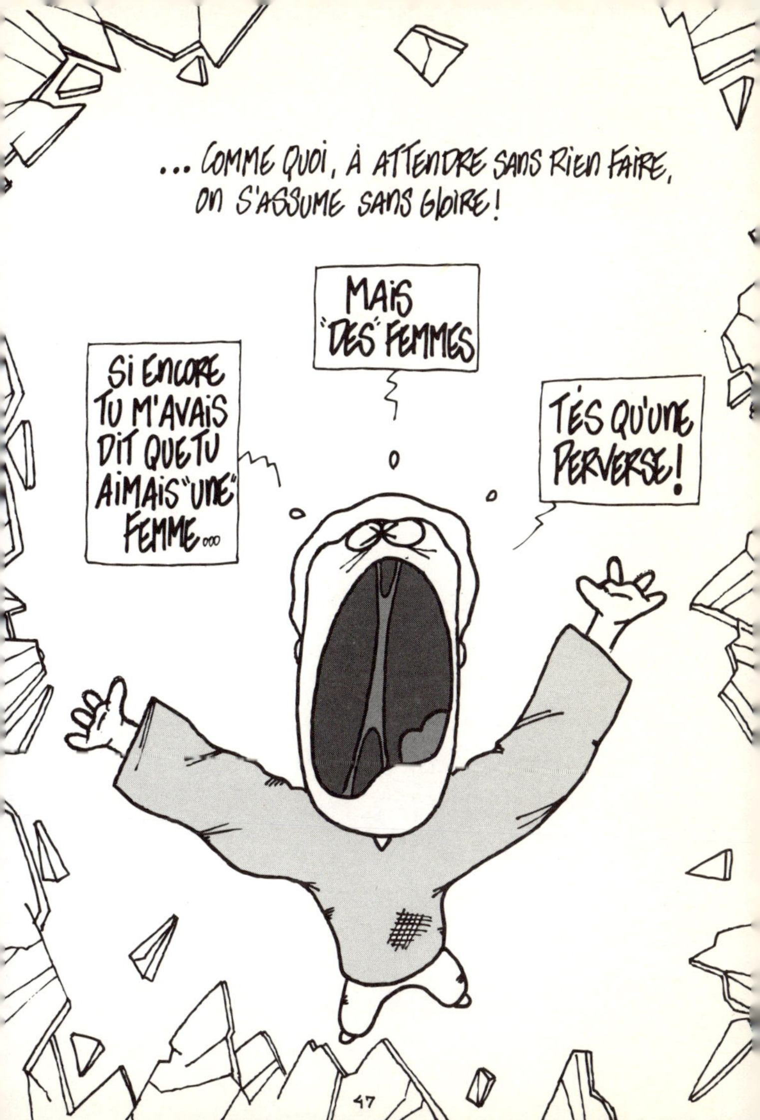
... COMME QUOI, À ATTENDRE SANS RIEN FAIRE, ON S'ASSUME SANS GLOIRE !
SI ENCORE TU M'AVAIS DIT QUE TU AIMAIS "UNE" FEMME...
MAIS "DES" FEMMES
T'ES QU'UNE PERVERSE !

TROP JEUNES POUR AVOIR CONNU LA GUERRE...

C'ÉTAIT LA PREMIÈRE FOIS QUE MES PARENTS ÉTAIENT CONFRONTÉS À "L'ATROCITÉ" DE LA VIE.

EN TOUT CAS, J'ÉTAIS OUT AU VRAI SENS DU TERME !

J'AVAIS TOUJOURS PENSÉ QUE ÇA N'ARRIVAIT QU'AUX AUTRES... AUX HOMOS
ÇA AURAIT PU ÊTRE PIRE...
C'EST PAS MAL PIRE LÀ DÉJÀ!
TAKA TAKA TAC

PAGE SPÉCIALE DÉTENTE !

APPRENDS À DESSINER LA P'TITE BLAN EN TROIS LEÇONS !

(MAIS TU N'OUBLIES PAS QUE LA P'TITE BLAN EST UNE MARQUE DÉPOSÉE ET PROTÉGÉE. SINON ON TE FERA UN PROCÈS. AMUSE-TOI MAINTENANT)

1) LA TÊTE

2) LE BUSTE

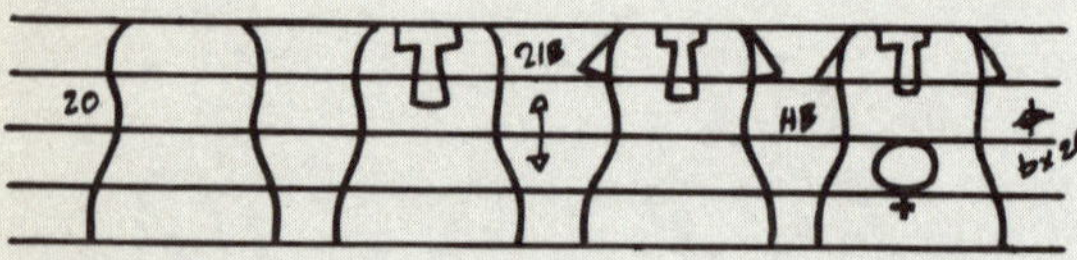

3) LES JAMBES

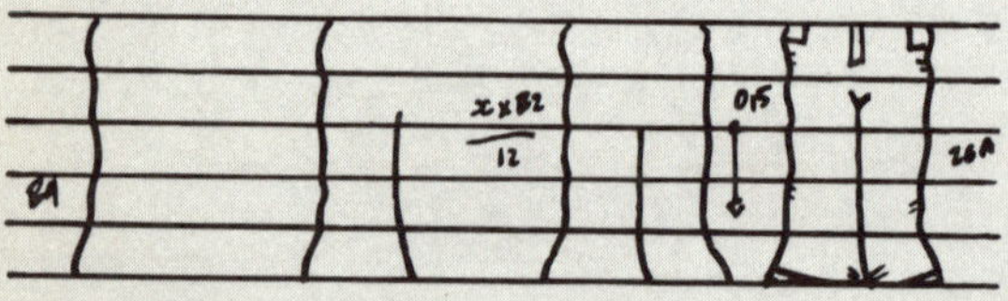

TROUVE LES BONNES EXPRESSIONS QUI CORRESPONDENT À CHAQUE VISAGE :
1) JOYEUSE 2) VÉNÈR
3) TRAUMAT' 4) BLASÉE

PAGE SPÉCIALE DÉTENTE !

FAIS DIRE CE QUE TU VEUX À LA P'TITE BLAN MAIS NE LUI FAIS PAS TENIR DE PROPOS RACISTES, HOMOPHOBES, DISCRIMINATOIRES, CONTRAIRES À SES IDÉAUX, CONTRAIRES À SES PRINCIPES. SINON ON TE FERA ENCORE UN PROCÈS.

PETITE ASTUCE : SI TU ACHÈTES UN SECOND EXEMPLAIRE, TU PEUX ÉCRIRE SUR LE T.SHIRT DE LA P'TITE BLAN LE PRÉNOM DE LA PERSONNE QUE TU AIMES ET LE LUI OFFRIR. UTILISE UN FEUTRE TRÈS FIN

"3 ANS PLUS TARD"

EN VRAI, DÈS LA SEMAINE SUIVANTE,
ON A RENOUÉ LE DIALOGUE TOUT PETIT À TOUT PETIT...

J'AI DÛ PRENDRE SUR MOI...

... POUR NE PAS M'EN PRENDRE À EUX.

ALLEZ EXPLIQUER À UN PÈRE QUE CE N'EST LA FAUTE DE PERSONNE ET DONC PAS LA SIENNE.

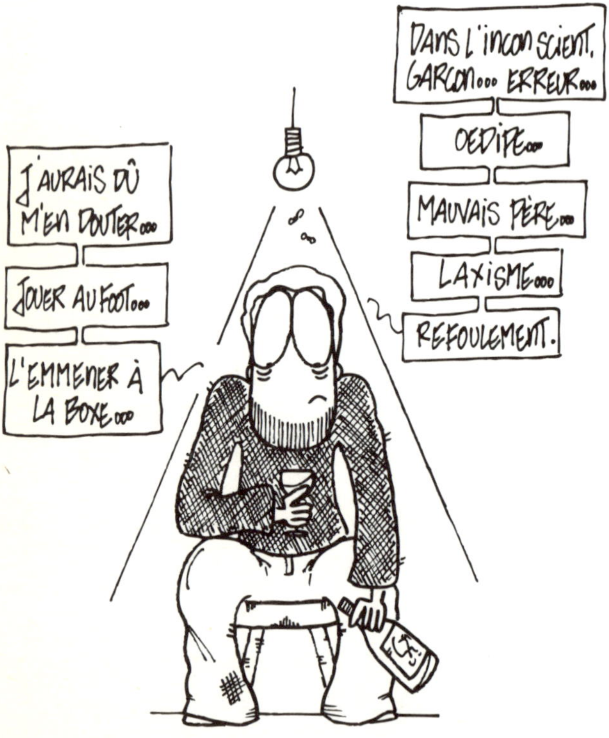

MOI JE FAISAIS CE QUE JE POUVAIS.

ET PUIS J'AI ENFIN TROUVÉ LA FORMULE.

JE CROIS QU'IL A COMPRIS QUE CHACUN DEVAIT SUIVRE SON CHEMIN...

APRÈS ÇA, J'AI APPRIS À ANNONCER MON HOMOSEXUALITÉ DE FAÇON MOINS BRUTALE.

LE FOND RESTAIT LE MÊME
MAIS JE VARIAIS LES FORMES.
AMOUREUSEMENT PARLANT JE PRÉFÈRE ÊTRE AVEC UNE FILLE.
JE SUIS SAPHISTE.
LES GENS COMME MOI ONT UNE SEXUALITÉ DIFFÉRENTE.
TECHNIQUEMENT PARLANT JE NE COUCHE PAS AVEC DES MECS.
JE FAIS PARTIE DES PERSONNES HOMOSEXUELLES.
LES GARÇONS NE M'ATTIRENT PAS SI VOUS VOYEZ CE QUE JE VEUX DIRE.
JE PRÉFÈRE LA FEMME DE BRAD À BRAD.
MAINTENANT, J'ESPÈRE QUE JE NE VAIS PAS CHANGER D'AVIS!

JE SUIS DEVENUE MAÎTRESSE ÈS-COMING OUT,
LA REINE DE LA SORTIE DE PLACARD!

OUI MAIS MOI JE COUCHE AVEC!
PITITS PITITS!

COMBIEN DE FOIS DEVRAIS-JE TE DIRE DE NE PAS ACCEPTER LA NOURRITURE DE N'IMPORTE QUI?

JE NE POUVAIS PLUS M'ARRÊTER...

JE SUIS LEEEESBIEEEENNE!!!

J'AURAIS DÛ, CAR POUR MÉMÉ L'ANNONCE DE
MON HOMOSEXUALITÉ A ÉTÉ UN CHOC TROP VIOLENT...

POUR ME CHANGER LES IDÉES, J'EN AI PARLÉ
À MON EX-PETIT-AMI-DE-QUAND-J'ÉTAIS-PAS-MOI.

C'EST QUI?
HÉSITE PAS QUAND MÊME SI TU CHANGES D'AVIS!
QUAND T'AURAS DES SEINS ET UN CERVEAU, ON EN REPARLERA!

J'AVAIS ENVIE DE LE DIRE À LA TERRE ENTIÈRE !

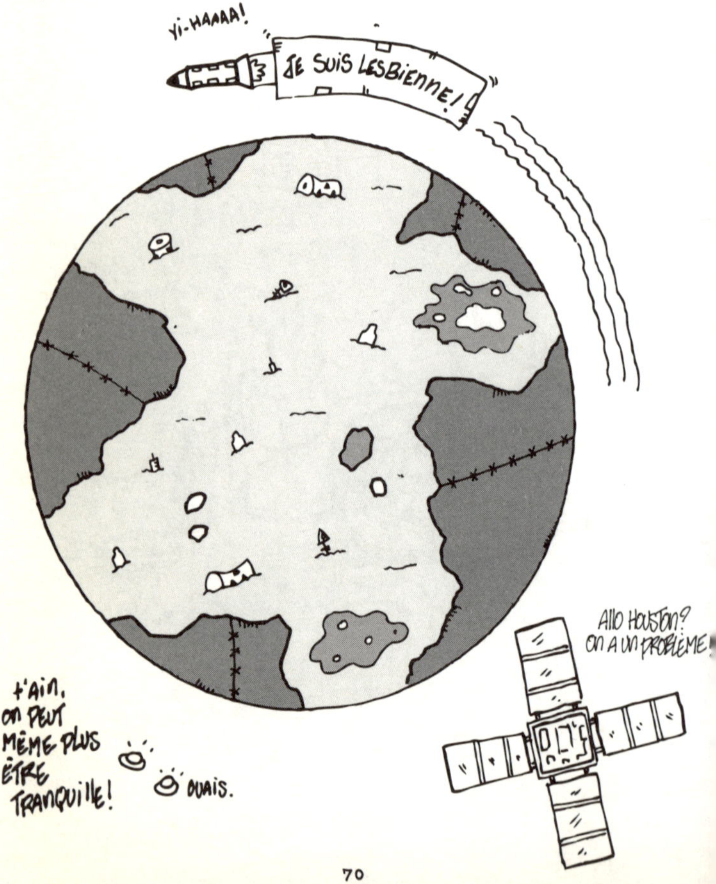

MAIS POUR CERTAINS, IL EST ENCORE UN PEU TÔT.

POUR D'AUTRES IL SERA TOUJOURS TROP TARD!

C'EST AGAÇANT CETTE INCAPACITÉ DE BEAUCOUP À COMPRENDRE CE QUE L'ON A VÉCU...

J'AI RÉALISÉ QUE C'ÉTAIT PAS MOI QUI CHOISISSAIS DE FAIRE MON COMING OUT.

C'ÉTAIT L'HYPOCRITE BIENVEILLANCE DE LA SOCIÉTÉ QUI M'OBLIGEAIT À LE FAIRE.

OFFICIELLEMENT NOTRE ORIENTATION SEXUELLE NE REGARDE PERSONNE.
REVIENS DANS 5 MN
ALLEZ DANS LA PAIX DU CHRIST !

OFFICIEUSEMENT TOUT LE MONDE NOUS REGARDE !

FINALEMENT, ON EST HOMOPHOBE
COMME ON EST RACISTE...

... SANS S'EN RENDRE COMPTE.

Y'A DES GENS QUI NE COMPRENDRONT JAMAIS LA DIFFÉRENCE...

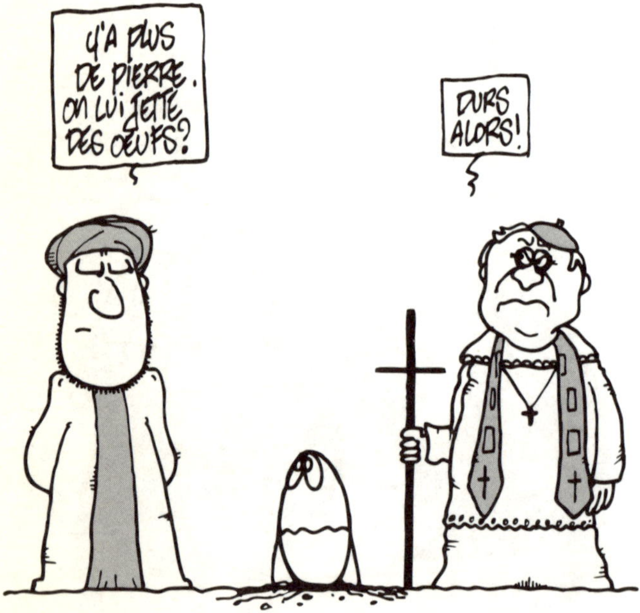

...PARCE QU'ILS SONT LA NORME.
ILS DÉCIDENT DE LA NORMALITÉ.

EN FAIT, LE PLUS DUR CE N'ÉTAIT PAS DE FAIRE MON COMING OUT.

C'ÉTAIT DE VIVRE AVEC !

JE N'AVAIS PLUS LE CHOIX, Y'AVAIT PLUS QU'À.

ET J'ÉTAIS BIEN DÉCIDÉE À !

IL ME FALLAIT ABSOLUMENT TROUVER LESBOLAND.

En route pour l'amour et le XXIe siècle !

2000 APRÈS JC. LA FRANCE EST OCCUPÉE PAR LES TENANTS DE LA RELIGION. TOUTE LA FRANCE ? NON. UN PETIT GROUPE D'HUMAINS RÉSISTE TOUJOURS À L'OPPRESSEUR.

Si vous n'avez pas lu le début de l'histoire,
c'est dommage, mais il n'est pas trop tard

Coming Soon

(paru en octobre 2009)

Retrouvez la suite des aventures de
La p'tite Blan dans le tome 3

Coming Back

(à paraître avant la fin du monde)
(donc très prochainement)

ALORS, ÇA AVANCE?
UI UI!
① J'EN SUIS AU MOMENT OÙ DARK VADOR TE DIT QU'IL EST TON PÈRE...
TU COMPRENDRAS PLUS TARD.
HEIN?
② MAIS TOI TU LUI DIS QU'IL EST "TEBÉ" PARCE QUE T'ES LA P'TITE BLAN.
EST-CE QUE J'AI UNE TÊTE À PORTER DES COLLANTS ET UNE TUNIQUE TOUTE POURRIE!
③ ALORS ON SAIT PAS POURQUOI MAIS DARK VADOR IL S'ÉVAPORE COMME ÇA.
J'COMPRENDS RIEN!
JE SUIS LE DARK KNIGHT
④ ET MOI JE VIENS TE SAUVER PARCE QUE TU L'AS JAMAIS SU MAIS EN FAIT JE SUIS BATMAN, LE DARK KNIGHT QUI VEILLE SUR PANAM'CITY.
C'EST DRÔLE, NON?

ET MOI JE SUIS L'INSPECTEUR HARRY ET JE TE CONSEILLE DE TE REMETTRE ILLICO PRESTO AU BOULOT!
PFFF... L'INSPECTEUR HARRY... TOUT POURRI.

ON A PEUT-ÊTRE DÉFORESTÉ UNE PARTIE DE L'AMAZONIE MAIS POUR LE RESTE C'EST PAS NOUS!
C'EST LES CHINOIS... OU LES EXTRATERRESTRES ... OU JE SAIS PAS.
TAIS-TOI
OK.

DEPUIS L'ANNONCE DE VOTRE HOMOSEXUALITÉ, AVEZ-VOUS CHANGÉ VOTRE FAÇON DE FAIRE?
JE ME POSE TOUJOURS AUTANT DE QUESTIONS MAIS MAINTENANT JE M'FOUS DES RÉPONSES!

Ils l'ont dit, mais ils auraient mieux fait de se taire.

«Moi j'ai envie que mes enfants aient une sexualité hétérosexuelle. Je n'ai pas envie d'autre chose. Moi on m'accuse pas d'être homophobe...»
Robert Ménard, 2010

«Les homosexuels sont peu nombreux, leurs couples durent peu, l'infidélité et le nombre élevé de partenaires, l'absence de projet paternel sont fréquents chez les hommes (...). Le repli sur soi, le désir maternel malmené chez les femmes, la présence souvent addictive du sexe, le nombre élevé de suicides forment un ensemble qui doit entraîner à l'évidence la compassion dès que la victimisation n'est plus utilisée comme une arme perverse de domination.»
Christian Vanneste, 2009

«Les gens ont cet instinct vital en eux, c'est pour ça qu'ils ne supportent pas l'homosexualité.»
Eric Zemmour, 2010

«Il n'y a aucun droit à la parenté pour un couple homosexuel. Parce qu'il n'y a aucun droit de l'enfant à avoir deux pères ou deux mères à la place de l'altérité. Ce n'est pas dans la nature des choses. Ce n'est pas la condition humaine. Cela ne fonde rien.»
Christine Boutin, 2010

ISBN : 978-2-9535137-1-4
Achevé d'imprimer
sur les presses de l'imprimerie
France Quercy - 46001 Cahors

Dépôt Légal : juin 2010

Imprimé en France
(par des Afghans homosexuels)
(on plaisante)
(quand bien même...)